택배로 온 사랑

작가의 말

삶의 순간들을
한 편의 시로 승화시켜 보았습니다.
첫걸음 조심스럽게
내디뎌 봅니다.
아직도 부끄러움이 도사리고 있습니다.
상처투성이의 작품들입니다.
좀 더 갈고 생각하고 성숙시켜야 작품들을
섣불리 내놓는 것 같아 아쉬움이 남습니다.

시인은 외로워야 한다는 말을 기억합니다.
앞으로 더욱더 고민하고 숙성하여 아름다운 작품을
선보이겠습니다.
격려와 질책을 기다리겠습니다.

2023년 11월
조희경

/ 차례 /

작가의 말　/ 3

제1부 빈자리

빈자리	/ 12
새벽 이슬	/ 13
운빛 날개	/ 14
걸어오는 목련	/ 15
가을비	/ 16
가파도	/ 17
아버지의 바둑	/ 18
병실에서	/ 19
개망초	/ 20
꿈의 향연	/ 21
복수초	/ 22
겨울 바다	/ 23
꿈을 그리며	/ 24
산사 가는 길	/ 25
라일락	/ 26
강물에서	/ 27
참꽃	/ 28
그리움 하나	/ 29

제2부 보랏빛 그리움

보라 향기	/ 32
친구 생각	/ 33
보랏빛 그리움	/ 34
걸어오는 목련	/ 35
섬 안의 섬	/ 36
섬	/ 37
제주에는	/ 38
도라지	/ 39
명품 아들	/ 40
붉은 입술	/ 41
강변에서	/ 42
해바라기	/ 43
코스모스 여인	/ 44
낙엽이 가는 길목에서	/ 45
일편단심	/ 46
달빛과 별빛	/ 47
주홍 감	/ 48

제3부 세월의 흔적

꽃밭에서 / 50

바다에는 / 51

동행 / 52

세월의 흔적 / 53

안개꽃 / 54

강둑을 거닐다 / 55

가을의 뜨락에서 / 56

꽃잎사랑 / 57

강둑을 거닐다 / 58

찔레꽃 / 59

사랑은 / 60

동백꽃 / 61

목련 / 62

그때는 몰랐었네 / 63

까치 소리 / 64

제4부 산다는 것은

택배로 온 사랑	/ 66
어떤 이별	/ 67
다부동의 새들은 울지 않는다	/ 68
장미	/ 70
눈물이 강물 따라	/ 71
아늑한 눈빛	/ 72
꽃잎사랑	/ 73
배롱나무	/ 74
산다는 것은	/ 75
조약돌	/ 76
스마트폰	/ 77
유리 상자	/ 78
첫 눈의 자리	/ 79
도라지	/ 80
가을이 떠나가네	/ 81
낙엽은 지는데	/ 82

제5부 외로움은 눈물인가?

꽃비	/ 84
은총의 동산에서	/ 85
산	/ 86
백조	/ 87
봄날	/ 88
안스름	/ 89
또 하나의 세상	/ 90
봄비	/ 91
아카시아 향기 속으로	/ 92
그리움	/ 93
외로움은 눈물인가	/ 94
산다는 건 순간이다	/ 95
강가에서	/ 96
오월의 우정	/ 97

■ 서평_ 체험과 상상으로 이루어진 시적 미감의 극대화 / 98
   김 전 (시인, 시조시인, 문학평론가)

제1부

빈자리

빈자리

온 우주를 다 안았던 방
네가 태어났고
네가 뒹굴었던 방
지금은 빈방만 남았다

창문을 통해 들여다 보는
라일락 나뭇가지는
두 손 모아 쥔 채
방을 떠난 너 위해
향기로 올리는 기도

말라버린 꽃의 시간을
떨구지 못한 나는
초겨울 되도록
스며드는 햇볕가지 한 쪽
너의 빈방에 걸어둔다

새벽 이슬

불그레 동트는 새벽 하늘
사랑의 이슬 내려주시던 어머니

아침밥 굶고 등교하는 날
먼 길도 한걸음에 달려와
따스한 주먹밥 건네주시던
그 사랑

강물이 바다로 수십 년
흐른 지금
작은 가슴 한쪽엔
절절히 엄마가 살고 있네

낙엽 타는 가을
이슬로 내리는
어머니

운빛 날개

운빛 날개 흔드는 억새
파도가 되어
바위에게 매달려 부서지면서도
파도는 울지 않는다

쉬엉갑서 쉬엉갑서
살며시 다가와 속삭이는 말
바람도 구름도 모르는 귓속말이다

억새는 파도로 일렁이고
또 하나의 산을 넘어
내 가슴에 섬 하나
살고 있다

걸어오는 목련

맨발로 오는 봄에게
청초한 미소 걸어두면
나무는 등불처럼 환해질까

캄캄한 곳에서 바라보던
사뭇 그립던 사람의 얼굴
달 아래서 봉긋해졌으니
이제 내가 사랑할 때다

발자국 소리 들릴까 봐
잠든 이웃집 개 깨울까 봐

살금살금 걸어온 등불 하나
설피든 내 잠의 창
그대 그림자로 두드린다

가을비

선창도 후렴도 없이 다가온 비는
꼬투리 여는 여문 콩
말라있던 유리창 두드린다

그리움이 다녀간 창틀
낙엽 덮고 빗물에 눈을 씻는다

나지막이 왔다가 떠날 뿐
더는 헤어짐 없는 생 살고 싶다고
몸에서 은실을 꺼낸 거미는
날벌레를 칭칭 감는다

창문을 떨게한 비는
끈적하게 남아있던 내 마음 속 상처에도
아무 걱정 말라는 듯

흔적 없이
연고를 발라준다

가파도

외로운 섬에서
갈매기 떼 살고 있었네

철석이는 파도의 몸부림
흰 꽃을 피우는
파도의 눈물이었네

밤마다 등줄기를 타고
오르는 그대의 눈물이
썰물처럼 가버려도
사랑은 남아 있었네

갈매기 울음소리 낙엽처럼
떨구고 간
외로운 가파도
갇혀있는 상처투성이
섬이 되어 떨고 있네

산다는 건
섬이 된다는 것을
섬이 되어
견딘다는 것을

아버지의 바둑

바둑을 즐기시며
흰 돌을 좋아하던

당신은 산에서도
바둑을 놓으실까

아버지 한 점 두 점으로
죽었다가 살아나며

우리를 불러놓고
사는 길 알리려고

바둑을 가르쳐 주신
당신은 산이었다

바람이 흔드는 산 속
바둑 소리 들린다.

병실에서

말없이 내 곁으로
찾아온 침략군이

초음파 빛 속에서
냉가슴 앓고 있다

삶이란 고개를 넘어
산 하나를 넘는 것.

가끔씩 떨어지는
링겔 속 눈물방울

생과 사 갈림길에
삶이란 순간이다

이대로 견디기 위해
하얀 이빨 깨문다

개망초

그대가 기다려져
들녘에 가 보았다

하아얀 별빛들이
내 마음 훔쳐가네

길섶에 폭포수 같은
천사들의 흰 미소

벌 나비 춤사위로
사랑을 불태우고

가슴에 품은 사랑
향기로 젖어오네

그리움 꽃비가 되어
내 가슴을 적신다

꿈의 향연

요염한 붉은 장미
마음에 들어앉아

가시에 찔리어도
아픈줄 모르네요

꽃잎에 숨겨진 사랑
황홀하게 춤춘다

복수초

눈 덮인 얼음 속
복수초는 꿈틀거리며
숨 가쁘게 걸어온다

그대
봄꽃으로 오셨군요
밤새 기다림에
설렌 마음
이슬에 물들인다

눈 부신 햇살 아래
무지개 꽃
날개처럼 곱게 피어나
영혼의 소리 듣겠지

이슬방울 그리움으로 맺힌다

겨울 바다

서럽도록 외로운 바다
갈매기도 파르르 떨고 있다

목마른 바람이 파도를 몰고 와
부서지는 하얀 그리움

바닷가 한 쌍의 연인들은
행복의 나래를 펴고 있다

파도의 눈물 꽃이
내 사랑 되어
눈이 부시게 아름답다

꿈을 그리며

눈 덮인 골짜기
복수초는 꿈틀거리며
꽃을 피우려 한다

가슴으로 쏟아지는 눈물
겨울비 되어 흐른다

숨 가쁘게 걸어온 길
별빛 따라 어둠 속으로 사라져도
희망 버리지 않았네

가난도 눈 부시게
한 송이 꽃으로 피어오르고 싶다

산사 가는 길

산허리 돌아가다
해맑은 들국화 미소지며
반겨준다

타는 낙엽 쌓여가는 소리
영혼을 흔드는 소리다

솔향 가득한 산사에
외로운 부처님 미소 머금고
제 몸을 태우는 저 촛불
누구의 간절함이 타고 있을까

빛바랜 대웅전
계곡 따라 불 붙은 가을
내 마음도 붉게 타고 있다

라일락

보랏빛 꽃잎 속에
향수를 감추었나

바람이 스칠 때면
콧등은 춤을 춘다

연보라 치마 두르고
떠날 채비하는가

라일락꽃 향기는
내 님의 소식인가

가슴에 젖은 향기
흐르는 그대 숨결

산 넘어 꽃향기 찾아
멀리멀리 떠나리

강물에서

말없이 흐르는 강물은
물속에서 놀고 있다
강물 속 태양은 이글거리고
구름은 화가처럼
그림을 그리며
오리 떼도 넘실거리며
춤을 추고 있다
어느새
강물은 태양을 삼켜 버린다..
어둠 속에서
별들이 내려와
순간을 즐기고 있다
눈물 글썽이며
고개 떨구고 있는 별 하나
나의 눈에도
별이 반짝인다

참꽃

팔공산 비탈길에
숨겨진 너의 모습

꽃망울 터트리다
미소로 반겨주네

연분홍 연지 바르고
걸어오는 첫사랑

그리움 하나

보랏빛 도라지꽃
별들이 내려와서

한 마리 벌에게도
아낌없이 주련다.

그리움 단비가 되어
흠뻑 젖은 내 마음

제2부

보랏빛 그리움

보라 향기

보라빛 꽃잎속에
향수를 감추었나

바람이 스칠 때면
콧등은 춤을 춘다

연보라 치마 두르고
떠날 채비 하는가

라힐락 꽃향기는
내님의 소식인가

가슴에 젖은 향기
흐르는 엄마숨결

산 넘어 꽃향기 찾아
멀리멀리 떠나리

친구 생각

숨 쉬기조차 힘든 여름날
매콤한 카레를 만드는데
오래전 카레 맛을 알게 해 준
친구의 얼굴이 코를 찡하게
스친다

모래알 같은 세월이 흘러갔어도
가슴 뭉클하게 남아있는
화산 용암 빛 카레의 기억

그리워 네가 그리워
흥얼거리며 눋지 않게
노란 바닥을 저어주는 동안
둥둥 허공으로 떠서 번져가는
너의 얼굴은 따뜻한 분화구다

너의 카레맛
오랫동안 너의 얼굴이 담겨져 있다
보고싶은 친구야

보랏빛 그리움

가녀린 도라지꽃
예쁘기도 해라

도라지꽃 가슴은
보랏빛 그리움

스쳐 지나는
너와의 인연

보랏빛 도라지는
그리움의 색깔

지금도 그 자리에
그가 서서 피어있다

걸어오는 목련

맨발로 오는 봄에게
청초한 미소 걸어두면
나무는 등불처럼 환해질까

캄캄한 곳에서 바라보던
사뭇 그립던 사람의 얼굴이
달 아래서 봉긋해졌으니
이제 내가 사랑할 때다

발자국 소리 들릴까 봐
잠든 이웃집 개를 깨울까 봐

살금살금 걸어온 등불 하나
설피든 내 잠의 창
그대 그림자로 두드린다

섬 안의 섬

춤 추기 위해 가사리 마을 억새들은
은빛 날개를 흔드는 것이 아니다

억새는 파도가 되어
바위에 매달려 넘어지며 뒹굴어도
울지 않는다
안달 난 제주의 바위들은
파도와 친구가 되자고
손깍지를 놓지 않는다

쉬엄 갑서 쉬엄 갑서
살며시 다가와 속삭이는 말
바람도 구름도 모르는 귓속말이다
억새는 파도를 몰고
또 하나의 산을 넘어
내 가슴의 섬 하나에
짐을 부려 놓았다

섬

외로운 섬에서
갈메기떼 살고 있었네

철석이는 파도의 몸부림
흰꽃을 피우는
파도의 눈물이었네

밤마다 등줄기를 타고
오르는 그대의 눈물이
썰물처럼 가버려도
사랑은 남아 있었네

갈매기 울음소리 낙엽처럼
떨구고 간
외로운 가파도
갇혀있는 상처투성이
섬이 되어 떨고 있네

산다는 건
섬이 된다는 것을
섬이 되어
견딘다는 것을

제주에는

유채꽃 노란물결
나비들 놀이터다

파도가 부서질때
세월은 철석인다

영혼을 흔드는 소리
해녀들의 숨비소리

도라지

스쳐 지나간
인연의 멍 때문에
도라지 가슴은
보라 꽃을 올렸다

너는 그리움의 색깔이라고
말하지만
나는 눈물의 색깔이라고
말하고 싶다

너가 떠나버린 빈자리
생각의 보리밭으로 일렁이고
너를 기다리느라
선 채로 바라보는 하늘
멍든 눈빛이다

명품 아들

장마가 끝나고
숨쉬기조차 힘든 날은
불볕더위 속으로
흐르고 있다
매미는
목청 터져라 노래 부르고
이같은 날처럼
매미 소리 들으며
넓은 세상 구경 왔었다
오늘을 잊지 않고
축복해 주는
선물 받고 보니
아들이 명품인가
야윈 어깨에 내리는
잔잔한 사랑
허기진 외로움에
왈칵 눈물이 고여온다

붉은 입술

사랑으로 꽃 피운
붉은 입술
밤새 내린 비에
흙바람 속으로 사라지고
보내기 싫은데
보내야 하는게
어디 꽃뿐이겠는가
가슴 터트리며 내게 다가온
나의 사랑 붉은 입술
피고 지는 꽃처럼
외로운 게 인생이라고
내린 비에
까치는 목을 축였는지
깍깍 깍깍
청아한 소리로
외롭게 노래 부른다..
오늘도 말 없는 그림을 그리며
오월을 보내고 있다

강변에서

서산마루에 걸린 해가
황금빛으로 강물 위에
화려한 수채화를 그린다
몸부림으로 그린 그림 앞에서
숙연해졌다
떠나기 전이 가장 아름다운가 보다
벚나무 가지 끝에
숨어 노니는 까치도
함께 꿈을 키우던 친구처럼
별 속으로 떠날 것이다
뜨겁게 사랑하다
화려하게 저물어가는 태양처럼
그렇게 살다 가버리면
별들이
세상으로 나와
내 이마를 짚어 준다

해바라기

사랑하는 마음 담아
그대를 향해 바라보는 눈빛
용광로처럼 뜨겁다

무언의 대화로 속삭이며
사랑은 익어가고
그리움에 타서 익는
까만 꽃씨

바라만 보아도 가슴은
두근두근
해바라기 허리춤에
녹아내리는 연두빛사랑

내 생에 남은사랑
연두빛 가지 하나로 서고 싶다

코스모스 여인

해바라기 친구는 코스모스다
나보다 키가 두어 뼘 작아도
구름 몸짓 따라 흔들리는 목
가냘파도 만인의 사랑을 받는다

먹고 자란 바람과 햇볕
너도나도 심지처럼 까맣게
타는 동공

너 보고 싶어 바라보는 하늘
너는 이미 나보다 한 발 앞서
내게로 보내온 꽃잎편지

그렇게 우린 가을 오면
구름 지워져 뻥 뚫린 하늘처럼
마주 보고 산다

낙엽이 가는 길목에서

가을은 깊어만 가고
오색찬란한 잎들은
눈이 부시게 빛나고 있다

스산한 바람이 분다
바람은 잎들을 데려가고
떠나는 잎들은
아쉬움에 파르르 떨며
속울음 울고 있다

순간 전화기에서
살다가 떠나는 길에는
같이 갈 수 없다고
나지막이 들려온다

산다는 건
떠날 준비를 하는 것이었네
사랑하는 가슴을
내 주는 것이었네

일편단심

바위 위에 우뚝 솟은 성삼문의 소나무

하늘이 내려보고 바다가 받쳐주니

내 마음 변할 수 있겠소

그대 향한 내 마음

달빛과 별빛

새벽녘
달님과 별님은
유리창에 서성인다
반가운 마음에
창문을 활짝 열어 보았다
둘이는
서로를 지켜주며
청잣빛 하늘을 수놓는다
시 한 수 엮고 있나
소라껍질처럼
귀를 세워본다
우리처럼
변치 않는 친구
만들어보렴
세상 살만하단다
외롭지 않아
새벽바람은 한결 싸늘하다

주홍 감

길 모퉁이
노을 하나 떨어져서
나뭇가지에 걸려
떨고 있다

엄마의 등불로 와
불 밝히던 감 하나
머리맡에 두었다

지금이 행복하다고
눈웃음 보일 때마다
붉게 타오르는 등불

환한 웃음으로 달려오던
내 어머니 눈물이여

보고 싶은 마음
감나무 가지 끝에서
등불로 걸어 두었다

제3부

세월의 흔적

꽃밭에서

온 종일
나풀대는 나비들 있어
꽃밭의 꽃들은 좋겠다

낮잠 잘 시간도 없이
온몸에 묻히는 꽃가루
나비도 좋겠다

우리도 저들처럼
서로 사랑하는 꽃밭이 되면
얼마나 좋을까

꽃이 지고
나비가 떠나도
첫눈 내릴 때까지
남아 있을 향기

바다에는

태양은
용광로처럼 끓어 올라
푸른 바다와
소나무와
그리고
내 마음까지 녹아내리게 한다

갈매기 떼 노니는 바위에
파도가 심술을 부리며
물안개를 피운다

바다는 모든 걸 받아준다

모든 걸 받아주는
바다가 되고 싶다

동행

혼자는 외로워
같이 갈 수 있는
누군가 있다는 게
축복이 아닌가

함께 한다는 건
긴 인생길에
얼마나 아름다운 일인가

있을 때 사랑하고
잘해주어야 한다

언제 떠날지 모르는
삶의 여정에
동행하는 이가 있어
행복하구나

세월의 흔적

길가 구석진 자리에
녹슨 자전거
뒤엉켜 누워있다

세월에 떠밀려
버림받았나 보다

아직은
떠나고 싶지 않다고
소리 없는 아우성이다

머지않아
우리들 모습이 아닌가

차가운 바람이 스치며
메아리 남긴다

살아있을 때
사랑하라 하네
모든 걸 내려놓으라 하네

안개꽃

지나는 길섶에
천사의 별빛들이
향기 뿌리며 유혹한다

향긋한 향에 취해
어느새 품에 안겨
짙은 사랑의 눈빛으로
눈 안에 머물고 있다

외로운 나에게
친구가 되어준
나의 사랑 흰 별들

그냥 이대로
머무르고 싶다

강둑을 거닐다

오리 가족들
깔깔거리며 물장구친다

출렁이는 물결은
지난날의 아름다운 추억인가

세월의 바구니에 담겨
고개 들고나온다

가슴이 메여온다
눈물이 고여온다
모두가 그리워 그리워

삶이란
그리워하다
떠나는 것이 아닌가

가을의 뜨락에서

수줍게 피어나는
보랏빛 무궁화꽃

청초한 네 모습에
내 발길 멈추었다

네 모습 영원히 이대로
너를 볼 수 없을까

사랑을 내 가슴에
깊숙이 심어주고

바람에 뒹굴면서
떠나간 임이시여

찬 서리 흙더미 속에서
울고 있지 않나요

꽃잎사랑

하얀 꽃 아카시아
향기로 젖어오네

한줄기 꽃잎마다
네 숨결 함께한다

꽃잎에 영글어 가는
우리들의 첫사랑

강둑을 거닐다

오리 가족들
깔깔거리며 물장구친다

출렁이는 물결은
지난날의 아름다운 추억인가

세월의 바구니에 담겨
고개 들고 나온다

가슴이 메여온다
눈물이 고여온다
모두가 그리워 그리워

삶이란
그리워하다
떠나는 것이 아닌가

찔레꽃

꿈길에서 만난 어머니
영화의 한 장면처럼
서로가 너풀거리며 다가와
부둥켜안고 한 몸이 된 자리
찔레꽃이 피어 있다
어머니
소리 높여 불러보는 메아리는
산천을 흔들고 있다
숨찬 어머니 쉬어간 자리는
발길을 붙잡는 청순한 사랑이다
어머니 무덤가에 찔레꽃이
꿈 밖의 길을 열었다

사랑은

구름의 가슴속에
비가 살고 있었네

깊고 깊은 상처 안에
눈물이 자라고 있었네

허공을 헤매는
빛바랜 흔적은
구름의 눈물이었네

햇살이 살며시 내리면
포근한 가슴속
사랑은 한 줌의 햇살이었네

동백꽃

하얀 눈 뒤집어쓰고
얼어붙은 동백꽃

붉게 물든 입술에
내 마음 두고 싶다

엄동설한에 태어나
혹독하게 지내다
청춘이 불타오를 때
미련 없이 떠나는구나

냉정한 임아
떠나는 모습도
살아 숨 쉬는 것 같구나

목련

가냘픈 꽃봉오리
천사의 날개를 하고
조용히 울고 있었다

밤사이 꽃잎은
아무도 몰래
조용히 흔들리며 울었다

바람과 구름이
흔드는 것도 아니었다

산다는 것은 이렇게
울면서 꽃 피우는 걸
모르고 있었다.
산다는 것은 이렇게
흔들리면서 꽃 피우는 걸
모르고 있었다

가냘픈 꽃송이
천사의 날개를 하고
조용히 날아가고 있었다

그때는 몰랐었네

있을 땐 몰랐는데
떠나고 나니
그때가 행복했었네

"자기야라고" 불러줄 때가
행복이란 걸
그때는 몰랐었네

아카시아 향기 속으로
당신은 떠나가버려도

눈물만 꽃잎 되어
뚝뚝 떨어지네

까치 소리

잿빛으로 희뿌연 하늘
태양은 아직도 숨어있는데
까치는 새벽부터
까악 까악 까악

누구를 부르는 건지
좋은 소식을 주려는지
이슬에 젖어 울고 있다
까악 까악 까악

오늘은 왠지
좋은 소식이 있을 것 같다

제4부

산다는 것은

택배로 온 사랑

흰 상자에 사랑을 담아
멀리서 보내온 물김치

하루 세끼마다
딸아이 사랑을 마신다

엄마가 좋아한다고
소화가 잘되라고
건강하게 지내라고

딸아!
보름달보다 예쁜 딸아
세월이 흘러서
이제 엄마를 챙기는구나

어떤 이별

밤이면 따스한 온기로
나를 감싸주던 너

너 없이는 하룻밤도
버틸 수 없었던 나

너도 이제
온 정성을 다했다고
미련 없이 떠나는구나

새로 사 온 메트에
따뜻한 온기로
행복한 밤 보내며

더
이별 없는 세상에 살고 싶다

다부동의 새들은 울지 않는다

콩 볶는 소리처럼 들려오던 그 날
녹슨 철모 속에 담겨 있다
뜨거운 햇볕을
가슴으로 안고 엎드려
적이 오기만을
숨죽이며 기다리던 새들

태어난 날은 달라도
죽는 날은 한날한시로 하자는
서로의 언약
눈짓으로 찍혀 있다.

어머니
'이가 시리도록 상추쌈이
먹고 싶습니다' 울부짖던
그대의 눈물
등줄기에 강물로 흐른다

피와 눈물로 지켜온 다부동
새들은 목이 메어 울지 못한다
진혼가의 울음소리 연기처럼

솟아오르는데

골짜기마다
핏물이었던 다부동
지금은 평화롭게
새 한 마리 빙빙 돌고 있다

어머니! 목메이며 울부짖던 그 소리
가슴에 못 박아놓고
울지 못하는 새 한 마리
다부동 언덕 붉게 타오르는
노을로 흐르고 있다.

장미

언제나 가까이 있는 줄로만
알았던
옆집 담벼락 아래 살고 있는
내 사랑 붉은 입술

사랑을 두고 떠나온 나
외로움에 떨고 있다

계절도 없이 토해내는 정열
난 반해버렸다

사랑의 눈길로
언제나 나의 스케치북에
오르곤 했던 너

가지마다 내 마음 걸려있다

눈물이 강물 따라

짹짹 짹짹 짹짹
어렴풋이 들려오는
새들의 노랫소리
새벽 잠 깨운다
간밤에 소낙비
뜨거운 가슴 식혀놓고
구름 사이로 내민 하늘
강물 되어 흐른다
강물 따라가다 보면
엄마를 만날 수 있을까
먼저 떠난 그대를
만날 수 있을까
어느새
눈물은
푸른 강물에 헤엄치고 있었다

아늑한 눈빛

산고의 고통을 인내한 어미 고양이
꿈틀거리는 새끼들과
탈색된 사과 상자 모퉁이에서
새롭게 생을 시작하고 있다
털빛 깨끗하게 닦아주는 어미 고양이 혀
끙끙 앓던 신열의 새끼 고양이
어느새 눈 맑다
뜨거운 햇볕에 뒹구는 오후는 여유롭다
우린 행복하니까
너도 행복하라고
까르르
여문 배꼽 보여주고 있다

꽃잎사랑

하얀 꽃 아카시아
향기로 젖어오네

한줄기 꽃잎마다
네 숨결 함께한다

꽃잎에 영글어 가는
우리들의 첫사랑

배롱나무

앞다투어 피는 꽃이
잠들어 있을 때
보랏빛 홍색 치마 두르고
나풀거리며 얼굴 내민다

지난밤 내린 비에
꽃 한 송이 지고 나면
아침 햇살에
꽃 한 송이 피어난다

피고 지는 것은
세월이 저만큼 가버리는 것

우리 가슴에도
꽃 하나 피었다가
눈물 속에 꽃 하나 지고 만다
배롱배롱 흔들리며
꽃 하나 지고 가면
외로운 학 한 마리가 된다

산다는 것은

하늘은 한결
높아만 보이고
구름은 짝을 지어 떠다니다
흩어지곤 한다

매미 소리도 사라지고
지난밤 내린 비가
여름을 데려갔나 보다

푸른 잎들도 붉어진다는 걸
모르고 지낸다
사랑도 색을 버린다는 걸
모르고 지낸다

산다는 건
변해가는 것인가 보다

조약돌

까만 조약돌
파도 소리 들려온다

파도가 밀려올 때
부서지는 바위들

파문에 못 이겨
조약돌이 되었구나

갈매기 울음소리
그리움의 눈물인가

추억이 담긴
까만 돌 하나에
그대 사랑 담아본다

스마트폰

잠시도 떨어질 수 없었던
너와의 인연

가을 잎들처럼
말없이 사라져 갔다

주고받는 사랑이
머무는 순간
숨이 막혀 오는걸
느껴본다

태풍에 붕괴되듯
소식통은 수평선 위로
날아가 버리고

외울 수 없었던
전화번호
적어나 둘 것을
후회로 가득찬 하루

유리 상자

구피라는 이름의 물고기가
다시는 오지 못할
별나라로 가고 있다
말 못하는 구피가 떠나고 있다
오월을 견디지 못해
서로의 꽁무니를 자르던 구피
어항 속에서
치매를 앓는 게 분명하다
떠나기 전 아침엔
살며시 뜬 눈으로
마지막 인사를 건넨다
머물던 구피가 떠난 뒤론
어항의 유리가 두꺼워졌다

첫 눈의 자리

팔랑팔랑 낙엽 뒤를
눈송이 따라온다
왔다가 사라질 걸 안다는 듯
아쉽게 내미는 고갯짓도
그리움을 동반하고 와서
구르는 낙엽을 한번 더 적신다
잠시 왔다 흔적 없이 떠나는 게
어디 눈 뿐이랴
슬며시 들이미는 검붉은 흙 속
눈은 나무의 발가락에 닿아서
나는 벌써 봄 냄새를 맡는다
살아 있음에 감사하듯
주어진 모든 시간들을
하나로 둘둘 뭉쳐 굴린다
겨울 지나 돌아올 그대 자리
눈사람으로 세워둔다

도라지

스쳐 지나간
인연의 멍 때문에
도라지 가슴은
보라 꽃을 올렸다

너는 그리움의 색깔이라고
말하겠지만
나는 눈물의 색깔이라고
말하고 싶다

나의 도라지 꽃은
너를 기다리느라
움직이지도 못하고
선채로 하늘 바라보는
멍든 눈빛이다

너가 떠난 빈자리
생각의 이랑끝에 걸려
별이 되었네

가을이 떠나가네

온 산천에
불바다가 밀려와
내 가슴에 불질러 놓고
가을이 떠나가네

떠나는 초라한 잎들
빛바랜 흙으로 나뒹군다
잎들을 떠나보내는
나뭇가지의 슬픈 몸짓
가을은 외로움에 눈물 떨군다

우리네 삶 또한 그런 것을
갈대는 바람에
머리칼을 흔들며
내게 속삭인다

모든 것은 순간이라고...

낙엽은 지는데

늦가을 길상사엔
가을이 익어 가네

멀리서 염불 소리
외롭게 들려오고

늦가을 붉은 나뭇잎
떠날 채비 하누나

바람이 불어오면
숨막히는 그리움

내 마음 눈물되어
낙엽에 실려가네

낙엽에 반짝이는 건
그대의 눈물인가

제5부

외로움은 눈물인가?

꽃비

연분홍 너울 쓰고
꽃비 되어 쓰러지네

화려했던 날들
순간이었네

사랑에 젖은 꽃 비
그리움으로 남는다

은총의 동산에서

자욱하던 안개를
혀가 긴 오솔길이 다 삼켜 버렸다
무거운 십자가 끌고 가던 흔적도
마음 안에 길이 되는 시간
손과 발이 못 박히심에
자욱하던 고통을 지우던 안개
뜨거운 눈물이 솟구칠 때
솟구친 눈물이 가장 뜨거워야
피어나는 안개
안개 속에서 가장 먼저 걸어 나온
오솔길 하나가
오들 오들 떨고 있는
내 손을 잡고 있다

산

계절 따라 멋을 내는 그대
핏빛으로 변해 갈 때
잎들은 아쉬워 눈을 감는다

꽃피고 새들이 찾아와
노래 부를 때
부처처럼 앉아 있다

바둑 가르쳐 주시던
아버지
창백한 얼굴로 물들때
떠나감이 서러워 눈시울 적신다

아버지
당신은 사랑을 가르쳐 주신
묵직한 산이었습니다

백조

동화천 백조 가족
두둥실 떠다니다

꽁지를 치켜올려
낚시질하고 있네

말없이 흘러내리는
동화천이 외롭다

잘 있다 다시 오렴
너 없는 텅빈 자리

억새풀 봄바람에
떠밀려 우는구나

동백꽃 피어나는 날
돌아오라 백조야

봄날

마른 가지 물오른 날
금호강 백조가족
모두 떠난 텅 빈자리
쓸쓸함이 묻어난다

너랑 함께 두둥실
헤엄치고 놀았는데
한마디 말도 없이
냉정하게 떠났구려

봄날은
오가는 시간으로
붐비는 나날이다

백조야
잘 지내다
오기를 바라는 마음
봄바람에 실어 보낸다

안스름

큐피트 화살을 안고
태어난 것은 너의 숙명이다
사랑의 증거에
확실한 증표를 보여준 너
계절도 없이 토해내는 정열의 빛이다
안쓰러움은 어디에도 없는데
누가 너를 안쓰러움이라 불렀을까
한 손에 큐피트의 화살을 든 너는
방패를 잃어버린
나를 향해 눈빛을 날린다
내 눈 고독에 깊어진 순간에야
심장까지 꿰뚫으려 한다

또 하나의 세상

새털 같은
흰 구름 아래
짙푸른 바다는 철석이고
백조의 깃털 같은 구름은
한 세상을 만든다

아늑한 시간은
구름 속으로 흐르고
가끔 솜방망이 구름도
바다를 덮고 있다

어느새
끝없는 비행은
꼬리를 내리고

하얀 언덕의 끝에는
그리운 얼굴 하나
별이 되어 흐른다

봄비

온종일 하염없이
내리는 나의 사랑

우유빛 꽃잎 위에
살며시 내려앉아

반가워 나의 친구여
그대에게 안긴다

메마른 내 가슴에
그대가 안겨주니

행복한 이내 마음
봄비에 젖어 본다

오늘은 그대와 같이
소곤대며 놀까나

아카시아 향기 속으로

손 뻗으면 닿을 것 같은
아까시나무 아래서
엄마 잃은 아이처럼
온종일 서 있었네

아카시아 꽃향기에
그대 숨결 숨어있어
그대 찾기 위해
산천을 헤매었네

말 없는 말을
향기로 대신하여
아카시아 향기 속으로
그대는 떠나가 버렸네

홀로 떠나기 위해
홀로 사는 목숨
산다는 건
향기 속으로 사라지는 것이었네

그리움

오늘도 조곤대며
내리는 나의 눈물

연둣잎 가지마다
설레는 이내 마음

사랑은 숨겨진 잎새마저
가슴 떨게 하누나

봄 처녀 가슴에도
그리움 밀려온다

그대는 어느 별에
머물고 있는가요

밤새워 그대 찾아가는
이슬 같은 별 하나

외로움은 눈물인가

허공속으로 날아간 외기러기
누구도 채울 수 없는
텅 빈자리
한 사람씩
보내야 하는 이 아픔

그림자 같은 사람이
내 곁에 없다는 게
나를 슬프게 한다
눈가에 맺히는 이슬 한 방울
뚝 떨어진다
이별도 삶의 한 부분이라
칠흑 같은 현실 앞에서
할말을 잃어가고 있다

온종일 내리는 비
등줄기를 타고 내리는데
비에 젖은 장미 한 송이
눈 붉히며 고개 숙인다

산다는 건 순간이다

하늘은 밤새도록
울고 있었나 보다

빛바랜 세월들이
유리창에 붙어있다

셀 수 없을 만큼
보석들이 달려있다

서로를 위로하며
흐느끼고 있었다

산다는 건 순간이어라

강가에서

말없이 흐르는 강물은
물속에서 놀고 있다

강물 속 태양은 이글거리고
구름은 화가처럼
그림을 그린다

어느새
강물은 태양을 삼켜 버린다

어둠 속에서
별들이 내려와
순간을 즐기고 있다

눈물 글썽이며
고개 떨구고 있는 별 하나

나의 눈에도
별 하나 글썽인다

오월의 우정

흔들리는 너의 숨결에서
향기로운 별의 냄새가 난다
바람에 떠밀려
이골 저골 번지는 흰 꽃불
너의 손이 가위일 때
내 손은 바위
너의 손이 가위일 때
내 손은 보자기
너와 내가 함께 걸어온 계단은
층층이 밟아 오르는
아카시아 향기의 계단이다
캄캄한 길도 우린 함께 걸어왔으니
서로의 입에 달콤하게 넣어주는
참 아늑한 오월이다

■ 서평

체험과 상상으로 이루어진 시적 미감의 극대화

조희경 시집 「택배로 온 사랑」 해설

김 전
(시인, 시조시인, 문학평론가)

1. 시의 체험을 통한 이미지 구축

시는 체험을 바탕으로 상상의 나래를 펴면서 시상을 이끌어 간다.

사람마다 체험이 다르고 상상의 폭이 다르듯 시의 표정 또한 다양하다.

고통에 대한 사유와 상상력 그 내면화 방식은 현대 시의 이해와 심층에 중요한 역할을 담당한다.

삶의 고통은 창작에 있어서 중요한 자양분이 된다. 아픔을 통해 육화된 모습으로 한층 높은 경지에 이르게 된다.

고통은 인간을 단련시키고 사고의 폭을 넓힐 뿐만 아니라 숙성된 인간미를 지니게도 한다.

조희경 시인은 화가이기도 하다. 시, 시조, 디카 시 등 다양한 장르에서 예술 활동을 하므로 작품의 깊이가 남다르다.
  시를 묘사하는 데 남다른 독창성을 갖고 있어 자기만의 작품세계를 펼치고 있다.

2. 정서의 깊이와 표정 찾기

1) 사랑으로 여는 세상
  시인의 작품 속에 흐르는 근본정신은 사랑이다.
  어머니에 대한 그리움이나 유년 시절의 고향 풍경은 시의 소재로서 충분한 역할을 하고 있다.
  자연은 지금까지 많은 시인에게 시 창작을 위한 원형질로 작용해 왔다. 시인은 자연의 생명력과 순전한 사랑이 융합된 수준 높은 시를 창작하고 있다.
  시인은 특히 어머니에 대한 사랑과 아울러 자식 사랑을 맛깔스럽고 정갈하게 묘사했다.
  시인은 삶의 진정성을 차분한 어조로 탐색하고 있어 독자의 공감을 끌어내기에 충분하다.
  다음 작품은 부모님과 자식에 대한 사랑을 진솔하게 나타냈다. 시의 표정과 시인의 정서에 빠져 보자.

  불그레 동트는 새벽 하늘
  사랑의 이슬 내려주시던 어머니

아침밥 굶고 등교하는 날
먼 길도 한걸음에 달려와
따스한 주먹밥 건네 주시던
그 사랑
강물이 바다로 수십 년
흐른 지금
작은 가슴 한쪽엔
절절히 엄마가 살고 있네
낙엽 타는 가을
이슬로 내리는
어머니

「새벽이슬」전문

어머니에 대한 사랑이 절절하다. 어머니는 언제나 인간 삶의 무게 중심에 우뚝 서 있다.

어머니의 사랑에 대한 작품은 많은 작가의 작품 소재가 되어 왔다. 흔한 소재로 작가는 눈길을 뗄 수 없는 가작을 빚어내고 있다.

시는 체험과 상상으로 이루어지며 사유에 대한 내면화 방식으로 생명력이 넘쳐흐른다. 독자에게 작품 속에 잔잔히 흐르는 사랑을 따라가기에 이른다.

사랑의 이슬을 상징하는 것은 어머니다. 시는 상징과 은유로 이루어진다.

시적인 맛은 바로 상징에 있다고 하여도 지나친 말이 아니다.

따스한 주먹밥도 어머니의 사랑으로 연결되고 있다.

'강물이 바다로 수십 년 흐른 지금'에서는 어머니와의 시간적 간격을 말하고 있다. 그러나 시간의 간격을 초월한 어머니의 사랑은 늘 가슴 한쪽엔 절절히 살고 있다고 하였다. 여기에 가슴 따뜻한 서정이 묻어 있다.

마지막 연 낙엽 타는 가을 /이슬로 내리는 /어머니에서 상징으로 나타내어 대미(大尾)를 장식하고 있다.

아버지의 사랑을 바둑으로 나타내고 있는 시의 표정을 살펴보자.

> 바둑을 즐기시며
> 흰 돌을 좋아하신
> 당신은 산에서도
> 바둑을 놓으실까
> 아버지 한 점 두 점
> 죽었다가 살아나는
> 우리를 불러놓고
> 사는 길 알리려고
> 바둑을 가르쳐 주신
> 당신은 산이었다
> 바람이 흔드는 산속
> 바둑 소리 들린다.
> 　　　　「아버지의 바둑」 전문

소재의 선정이 개성적이다. 아버지가 바둑을 가르쳐 주는 것은 세상을 살아가는 길을 가르쳐주는 것이라는 시인의 생각도 독특하다.

바둑은 죽었다가 살아나는 길이 많다. 흰 돌을 좋아하시는 아버지는 세상과 맞서 이기는 법을 가르치려 했을 것이다. 험한 세상을 살면서 어려움이 파도처럼 밀려올 때 살아남는 법도 가르치려 했다.

이 작품은 아버지의 사랑을 한 폭의 그림으로 그리고 있다.

아버지를 산이라고 하였다. 치환 기법으로 나타내었다. 짧은 호흡 속에 깃든 리듬감으로 아버지에 대한 사랑을 나타냈다. 체험과 상상이 어우러진 가작(佳作)이다.

바람이 흔드는 산속/ 바둑 소리 들린다.에서 공감각을 이루고 있다.

바둑 소리는 아버지를 상징하고 있다. 명징하게 표현된 한 폭의 수묵화 같다.

산속에서 아버지의 바둑 소리를 들을 수 있다는 것은 시적으로 그만큼 육화 되었다는 뜻이다.

어머니가 자식에 대한 사랑을 나타낸 시의 표정을 보도록 하자.

온 우주를 다 안았던 방
네가 태어났고
네가 뒹굴었던 방
지금 빈방만 남았다

창문을 통해 들여다보는
라일락 나뭇가지는
두 손 모아 쥔 채
방을 떠난 너 위해
향기로 올리는 기도
말라버린 꽃의 시간을
떨구지 못한 나는
초겨울 되도록
스며드는 햇볕 가지 한쪽
너의 빈방에 걸어 둔다

「빈자리」 전문

아들에 대한 애틋한 사랑을 나타낸 작품이다.

아들이 다른 곳으로 전출 가고 난 뒤의 허전함을 노래하고 있다. 자식에 대한 사랑이 지극하다. 자식을 떠나보낸 어미의 애타는 심정을 밀도 있게 나타내고 있다.

라일락 나뭇가지는 자신의 분신이다. 아들을 위해 기도하는 모습이 성스럽기 그지없다. 어머니의 마음이 잘 나타나 있다.

말라버린 꽃의 시간 이란 어떤 시간일까?

자식을 잊지 못한 어머니의 마음을 나타낸 것이다.

모성애의 참모습을 보는 듯하다.

이를 보면 인간관계에서 어머니와 자식의 거리가 가장 가까운 것 같다.

정제된 시어의 선택과 현실 감각을 구사하는데 탁월함을 보여주고 있다.

딸이 보내온 택배에서 딸의 사랑을 엿볼 수 있다. 곰곰이 곱씹어 보자.

> 흰 상자에 사랑을 담아
> 멀리서 보내온 물김치
> 하루 세끼마다
> 딸아이 사랑을 마신다
> 엄마가 좋아한다고
> 소화가 잘되라고
> 건강하게 지내라고
> 딸아!
> 보름달보다 예쁜 딸아
> 세월이 흘러서
> 이제 엄마를 챙기는구나
> 「택배로 온 사랑」 전문

어머니 아닌 딸이 물김치를 택배로 보낸 온 것이다. 어머니가 딸을 위해 보낸 물김치가 아니고 도리어 딸이 어머니에게….

요즈음 보기 드문 이야기다.

물김치는 사랑을 나타내는 상징이다.

딸아이의 사랑을 마신다고 했다. 사랑은 김치다.

김치는 엄마의 식성을 알고 있는 딸의 정성이다.

딸의 대견스러움을 가감 없이 나타내고 있다.

어머니의 진솔한 생각을 그리고 있다. 이렇게 삶이 문학에 투영되어 생활 현장에서 진지한 사색의 길로 인도하고 있다.

2) 자연에 대한 사랑

시인은 사물을 볼 때 남다른 안목을 가져야 한다. 사물의 형상을 자신의 삶에 비유하여 의미를 포착해 내는 작업이 있어야 한다. 또 삶에 대한 진지한 사유와 사랑을 지녀야만 한다.

자연의 변화를 그냥 흘려보내지 않고 이를 세밀히 관찰하고 분석하는 시적 역량이 요구된다.

시는 말의 리듬, 이미지 등은 물론이고 은유와 상징으로 소재의 유기적인 구성을 통해 자신의 인생관 세계관을 표현해야 한다.

시인은 보이지 않는 부분에 감춰진 비의(秘義)를 찾을 수 있어야 한다.

친근한 일상에서 묵직한 생각거리를 던지며 주제 의식을 북돋울 때 수준 높은 시가 탄생할 것이다.

이것을 독창적인 언어로 묘사해야 좋은 작품이 될 수 있다.

'걸어오는 목련' '가을비' '산사 가는 길' '배롱나무'에서 개성적인 사유와 참신성이 엿보인다.

조희경 시인은 자연의 소리를 들을 줄 알고 진지한 사색을 통해 메시지를 전달하는 시인이다.

맨발로 오는 봄에게
청초한 미소 걸어두면

나무는 등불처럼 환해질까
캄캄한 곳에서 바라보던
사뭇 그립던 사람의 얼굴
달 아래서 봉긋해 졌으니
이제 내가 사랑할 때다
발자국 소리 들릴까 봐
잠든 이웃집 개 깨울까 봐
살금살금 걸어온 등불 하나
설피든 내 잠의 창
그대 그림자로 두드린다
「걸어오는 목련」

걸어오는 목련은 의인화를 통해 새로운 이미지로 다가가고 있다.

청초한 웃음을 걸어둔다. '그립던 사람의 얼굴' '등불 하나' 등에서 개성적인 이미지를 만들어 내고 있다.

목련을 걸어온다고 역동적 이미지로 바꾸어 놓았다.

목련꽃 한 송이 피우기 위하여 살금살금 걸어야 한다. 자연의 현상을 경외감으로 바라보는 시적 자아의 모습이 선명한 이미지로 나타난다.

'설피든 내 잠의 창 /그대 그림자로 두드린다.' 시각과 청각을 통해 공감각적 이미지로 나타내고 있다. 여기서 시인의 탄탄한 저력을 느낄 수 있다.

가을비는 어떤 표정으로 다가오는지 살펴보자.

선창도 후렴도 없이 다가온 비는
꼬투리 여는 여문 콩
말라 있던 유리창 두드린다
그리움이 다녀간 창틀
낙엽 덮고 빗물에 눈을 씻는다
나지막이 왔다가 떠날 뿐
더는 헤어짐 없는 생 살고 싶다고
몸에서 은실을 꺼낸 거미는
날벌레를 칭칭 감는다
창문을 떨게 한 비는
끈적하게 남아 있던 내 마음속 상처에도
아무 걱정 말라는 듯
흔적 없이
연고를 발라준다
「가을비」 전문

작고 소소한 자연에서 삶에 대해 인식하고 자기 성찰의 시간을 가진다.

가을비에서는 인간의 비애를 느끼게 한다.

콩꼬투리와 유리창을 통하여 시인의 서정은 그리움으로 전이된다. 다시 빗물에 이르러 그리움이 절정에 달한다.

거미를 통하여는 헤어짐 없는 세상을 그리워한다.

시의 밑바닥에는 이별이 가져다준 아픔이 짙게 깔려 있다.

비는 내 마음의 상처를 달래 준다. 이는 연고를 발라 주는 것과 같다.

삶에 대한 진지한 사유가 소박한 내면의 세계를 사유의 광장으로 인도하고 있다.

그동안 이별의 아픔을 몸소 체험했던 작가는 자기 내면 의식을 남다른 기법으로 형상화하는 데 성공했다.

산사 가는 길에서 자신과 자연의 일체감을 볼 수 있다.

> 산사 가는 길
> 산허리 돌아가다
> 해 맑은 들국화 미소지며
> 반겨준다
> 타는 낙엽 쌓여가는 소리
> 영혼을 흔드는 소리인가
> 솔향 가득한 산사에
> 외로운 부처님 미소 머금고
> 제 몸 태우는 저 촛불
> 누구의 간절함 타고 있을까
> 빛바랜 대웅전
> 계곡 따라 불붙은 가을
> 내 마음도 붉게 타고 있다
> 　　　　　　　　「산사 가는 길」전문

'산사 가는 길'에서 가을의 정취에 흠뻑 빠지게 한다. 이 작품에서 자연과 동화 됨을 엿볼 수 있다.

이 작품의 소재를 살펴보면 '산사' '들국화' '낙엽' '영혼' '솔향' '부처님' '촛불' '대웅전' '낙엽' '내 마음' 등 다양하게 나타난다.

산사의 모습이 한 편의 드라마처럼 나타난다.

서정적 자아의 마음이 절정을 이룬 부분은 '제 몸 태우는 저 촛불/ 누구의 간절함 타고 있을까'이다.

이 글에서는 공감각적 이미지를 나타내면서 시의 맛과 멋을 높이고 있다.

가을의 단풍이 절정을 이루고 있는 모습이 진하게 클로즈업되고 있다.

이 시는 정물화를 보는 것 같다. 시인의 시선을 따라가 보면 작은 사물에도 온화한 인간애를 탐색하는 순정적 이미지가 발현되고 있다.

배롱나무에서도 자연에 대한 사랑이 드러나 있다.

앞다투어 피는 꽃이
잠들어 있을 때
보랏빛 홍색 치마 두르고
나풀거리며 얼굴 내민다
지난밤 내린 비에
꽃 한 송이 지고 나면
아침 햇살에
꽃 한 송이 피어난다
피고 지는 것은
세월이 저만큼 가버리는 것
우리 가슴에도
꽃 하나 피었다가
눈물 속에 꽃 하나 지고 만다
배롱배롱 흔들리며

꽃 하나 지고 가면
외로운 학 한 마리가 된다
「배롱나무」 전문

　배롱나무를 의인화하여 자연의 흐름을 꽃으로 나타내고 있다.
　시인의 시선을 찬찬히 따라가 보면 시인의 어법이 무척 참신하다.
　꽃 한 송이 피고 지는 것은 세월이 흐르는 것을 암시적으로 나타내고 있다.
　세월의 흐름은 강물처럼 흐르고, 그 흐름 따라 꽃 하나 피었다가 눈물 속에 꽃 하나 지고 있다.
　배롱 배롱 흔들리며 꽃 하나 지고 나면 외로운 학 한 마리가 된다고 하였다. 이는 시인의 무한한 상상력을 나타내고 있다.
　가사 문학의 대가 박인로 문학관 앞에 배롱나무가 양쪽으로 줄을 서 있다.
　배롱나무가 서 있는 이유를 물었더니 대답은 이러하였다.
　배롱나무는 껍질을 벗고 서 있는 것이 특징이다. 그러므로 가식의 허물을 벗어 버린, 배롱나무처럼 진실한 사람만 들어오라는 뜻이라고 하였다. 거기서 많은 것을 깨닫게 되었다.
　배롱나무는 오랫동안 피고 지고 하면서 오랫동안 꽃을

달고 있다. 이 때문에 선비에게 사랑받는 꽃이 되었다.

3) 강물 따라 흐르는 추억의 돛단배

자연과 사물들은 추억을 먹고사는 것이 아닌지 모르겠다. 추억이 흐르는 돛단배 속에서 흘러야 한다.

오늘이 내일 되고 내일도 흐르면 어제가 되는 것이다. 시인은 생각하면서 살아야 하는 존재다. 새로운 이름을 붙이는 존재다.

수많은 시인이 새로운 의미를 만들어 내고 새로운 이름을 붙이지만, 끝없이 시가 창작되는 것은 인간만이 할 수 있는 일이다.

시의 중심 소재가 자연에서 얻어지는 것은 자연스러운 현상이다.

자연의 현상 속에서 수레바퀴가 돌아가는 것이다.

시인은 자연을 눈에 보이는 것만 묘사할 것이 아니라 눈에 보이지 않는 비의를 찾아내는 데 힘써야 할 것이다.

그런 의미에서 '섬 안의 섬' '해바라기' '꽃밭에서' 등을 의미 있게 살펴보자.

> 춤추기 위해 가사리 마을 억새들은
> 은빛 날개를 흔드는 것이 아니다
> 억새는 파도가 되어
> 바위에 매달려 넘어지며 뒹굴어도
> 울지 않는다
> 안달 난 제주의 바위들은

파도와 친구가 되자고
손깍지를 놓지 않는다
쉬엄 갑서 쉬엄 갑서
살며시 다가와 속삭이는 말
바람도 구름도 모르는 귓속말이다
억새는 파도를 몰고
또 하나의 산을 넘어
내 가슴의 섬 하나에
짐을 부려 놓았다

「섬 안의 섬」 전문

 우리가 살아가노라면 파도가 기다리고 있다. 늘 파도를 헤치면서 살아가는 길은 고달프다.
 시련과 고난 속에서도 꼿꼿이 살아가는 사람들의 모습을 그리고 있다.
 이 작품에서는 제주의 바위들은 파도와 친구가 되자고 손깍지를 놓지 않는다고 하였다.
 파도와 바위와의 관계는 대척점에 놓여있다.
 억새는 파도를 몰고 산을 넘어 내 가슴의 섬 하나에 짐을 부려놓았다.
 사는 것은 산을 넘는 일이다. 산 하나 넘으면 또 산 하나가 기다리고 있다.
 고통과 시련의 나날들이 끊임없이 다가왔다가 사라지고 또 다가온다.
 억새는 바로 우리 민초들이다.
 민초는 우울한 마음으로 오늘도 산을 넘어야 한다.

서로를 사랑하는 모습을 보이는 꽃밭이 되고 싶어 하는 마음의 그림자를 살펴보자.

온종일
나풀대는 나비들 있어
꽃밭의 꽃들은 좋겠다
낮잠 잘 시간도 없이
온몸에 묻히는 꽃가루
나비는 좋겠다
우리도 저들처럼
서로 사랑하는 꽃밭이 되면
얼마나 좋을까
꽃이 지고
나비가 떠나도
첫눈 내릴 때까지
남아 있을 향기
「꽃밭에서」전문

꽃밭에서 사랑의 마음을 배우고자 한다.

꽃밭에서 '꽃밭에서 나풀대는 나비' '꽃가루 묻히는 나비' 등은 꽃과 떨어질 수 없는 관계에 있다.

시적 자아는 꽃과 나비처럼 서로 사랑하는 사람으로 남기를 바라고 있다.

꽃이 지고 나비가 떠나가도 첫눈 내릴 때까지 남아 있을 향기에서 영원히 함께 있는 꽃밭을 그리고 있다.

시각과 후각의 감각적 이미지를 통하여 시적 의미를 확대하고 있다.

시를 이끌어가는 능력이 예사롭지 않다.

재미와 함께 감동을 주는 작품이다.

4) 시련과 고난의 터널을 넘다.

인간은 시련과 고난의 터널을 통과의례로 지나면서 성숙한다. 산 하나 넘으면 산 하나가 기다리고 있다. 지나온 과거의 발자국을 보면 눈물로 얼룩진 한 세상이 아닌가?

병마와 싸워야 하는 태산준령을 만나기도 한다.

가장 가까운 사람과의 이별은 감당하기 힘든 상처를 남긴다. 혼자 남은 외로움을 삭이며 외로움 속에 살아가는 존재이기도 하다.

신산辛酸의 삶 속에서 인동초처럼 견뎌 온 우리네 살이 아니던가!

시인은 이러한 체험을 바탕으로 묵직한 생각거리를 던지기도 한다.

작품에는 온유한 서정의 물결이 잔잔하게 묻어나고 있다.

황량한 겨울 속에서 붉은 꽃을 피워내는 동백꽃처럼 시련을 겪으며 한 송이 꽃으로 피어나는 생이 되길 바란다.

체험이 반영된 작품을 살펴보자.

말없이 내 곁으로
찾아온 침략군이
초음파 빛 속에서
냉가슴 앓고 있다
삶이란 고개를 넘어
산 하나를 넘는 것.
가끔씩 떨어지는
링겔 속 눈물방울
생(生)과 사(死) 갈림길에
삶이란 순간이다
이대로 견디기 위해
하얀 이빨 깨문다

「병실에서」전문

이 작품은 정형시다. 정형시인 시조는 율격에 충실하고 다양한 비유와 신선한 표현이 요구된다.

시조가 되기 위해서는 형식을 지키는 정도로는 모자라고 시인이 그 형식을 자유자재로 활용할 수 있어야 한다. 시조라는 그릇 속에 자연스럽게 담긴 조 시인의 작품으로 들어가 보자.

병실에서 병마와 싸우는 모습을 진솔하게 나타내었다. 삶이란 고개를 넘어 산 하나를 넘는 것이라 하였다.

치열한 삶의 모습을 묘사한 작품이다.

삶이란 순간 속에 이루어지는 것. 링거 속 눈물방울 등, 상징을 통하여 시적 아름다움을 제시하고 있다. 특히 삶과 죽음에 대한 사유가 돋보인다.

다음은 자기 삶을 돌아보는 자성의 시간을 시적으로 나타내어 독자들에게 공감을 주는 작품이다.

스쳐 지나간
인연의 멍 때문에
도라지 가슴은
보라 꽃을 올렸다
너는 그리움의 색깔이라고
말하지만
나는 눈물의 색깔이라고
말하고 싶다

나의 도라지 꽃은
너를 기다리느라
움직이지도 못하고
선채로 하늘 바라보는
멍든 눈빛이다

너가 떠난 빈자리
생각의 이랑 끝에 걸려
별이 되었네
「도라지」전문

도라지꽃을 보면서 자신의 모습을 묘사하였다. 스토리의 전개 과정을 보면 인연의 멍이 도라지가 보라 꽃을 피웠다. 라고 나타냈다.

도라지는 그리움의 색깔이라고 하지만, 나는 눈물의 색깔이라고 본다. 라는 표현에서, 시적 함축미와 간결성이 돋보인다. 절절한 그리움을 보라색 도라지꽃을 통해 나타내고 있다. 보라색 도라지꽃을 멍든 가슴, 그리움의 색깔로 표현했다. 작가의 개성적인 눈을 찾을 수 있다.

'네가 떠난 빈자리, 생각의 보리처럼 일렁이고, 선 채로 하늘 바라보는 그 자리'라고 묘사하고 있다.

'도라지'에서 시인의 시 정신과 개성이 조화를 이루고 있다.

시적 표정은 아픔 속에서도 꿋꿋이 일어서는 청보리 같은 모습이다.

다음의 작품은 이별의 아픔을 절실히 나타내고 있다.

있을 땐 몰랐는데
떠나고 나니
그때가 행복했었네
"자기야"라고 불러줄 때가
행복이란 걸
그때는 몰랐었네
아카시아 향기 속으로
당신은 떠나가 버려도
눈물만 꽃잎 되어
뚝뚝 떨어지네
「그때는 몰랐었네」 전문

남편에 대한 그리움을 나타낸 작품이다. 남편을 떠나보낸 아픔을 디테일하게 묘사했다. 있을 땐 누구든지 고

마음을 모른다.

지나고 나면 추억으로 남아 후회가 밀물처럼 다가온다. 인간은 추억을 먹고 산다는 말이 있다. 이별에 대한 그리움으로 자기만의 작품세계를 펼치고 있다.

'그때가 행복했었네 "자기야"라고 불러줄 때가 행복이란 걸 그때는 몰랐었네' '아카시아 향기 속으로 당신은 떠나가 버려도 눈물이 꽃잎 되어 뚝뚝 떨어지네'에서 남편에 대한 애달픈 사랑이 나타나 있다.

시가 정서의 표출이라는 점에서 이 작품은 거기에 상응한다고 본다.

친구에 대한 사랑을 나타낸 작품을 살펴보자.

숨쉬기조차 힘든 여름날
매콤한 카레를 만드는데
오래전 카레 맛을 알게 해준
친구의 얼굴이 코를 찡하게
스친다
모래알 같은 세월이 흘러갔어도
가슴 뭉클하게 남아 있는
화산 용암 빛 카레의 기억
그리워 네가 그리워
흥얼거리며 눋지 않게
노란 바닥을 저어주는 동안
둥둥 허공으로 떠서 번져가는
너의 얼굴은 따뜻한 분화구다
너의 카레 맛

오랫동안 너의 얼굴이 담겨져 있다
보고 싶은 친구야
「친구 생각」 전문

  많은 친구를 가졌다고 자랑하고 있다. 그러나 '진정한 친구가 몇 명이나 있냐?'고 묻고 싶다.

  진실한 마음을 나눌 수 있는 친구가 있다는 것은 행복한 일이다.

  카레 만들기를 가르쳐 준 친구를 생각하면서 쓴 글이다.

  화산 용암 빛 카레는 친구다. 비유를 통하여 변치 않는 친구의 우정을 나타내고 있다.

  '노란 바닥을 저어주는 동안 둥둥 허공으로 떠서 번져 가는 너의 얼굴은 따뜻한 분화구다.'라고 나타내었다.

  상상의 나래를 동원해서 친구의 모습을 묘사하였다.

  시의 다양한 표정을 만들어 내는 조희경 시인의 능력과 서정성이 돋보이는 작품이다.

3. 에필로그 - 시적 성숙

  시는 언어의 탄력을 갖출 때 시적인 경계를 넘어 의미의 확장이 이루어진다.

  절제된 언어와 상징으로 시를 이끌어갈 때 언어의 탄력을 끌어낼 수 있다.

좋은 시는 체험과 상상을 바탕으로 미적 감각을 높이는 작품이다.

자기만의 목소리가 들어 있는 작품은 천의무봉天衣無縫의 언어가 숨 쉴 것이다.

조희경 시인은 화가이면서 시인, 시조 시인, 디카시인으로 다양한 장르에서 활동하고 있다.

시련과 고난의 터널을 지내오면서 신산辛酸의 맛을 본 시인이기 때문에 시적으로 성숙 되어 있음을 볼 수 있다.

체험과 상상을 넘나들면서 상징과 은유, 치환을 통하여 시의 품격을 높이고 있다. 섬세한 언어를 통하여 시를 그림처럼 그리고 있다.

조희경의 첫 시집 「택배로 온 사랑」은 독자에게 호응받으리라 믿는다.

더욱더 발전 있기를 기원한다.

택배로 온 사랑

초판 인쇄   2023년 11월 7일
초판 발행   2023년 11월 14일

지은이 조희경
발행인 임수홍
편 집 맹신형

발행처 도서출판 국보
주 소 서울 강동구 양재대로 114길 32 2층
전 화 02-476-2757~8   FAX 02-475-2759
카 페 http://cafe.daum.net/lsh19577
E-mail kbmh11@hanmail.net

값 12,000원

ISBN   979-11-89214-77-7

· 저자와의 협약에 의해 인지는 생략합니다.
· 이 시집의 글은 저작권법에 따라 보호를 받는 저작물이므로 저자와
  출판사의 동의 없이는 무단 전재 및 무단 복제를 금합니다.

· 잘못된 책은 바꾸어드립니다.